NO TIEMPO PARA ROSAS

JORGE SANTA CRUZ

ISBN: 978-0-9818355-5-6 0-9818355-5-4

1ra Edición

Ya sos mayor de edad
chau pesimismo

Mario Benedetti

Y no te escribo
una canción de amor,
No es tiempo de que el hambre empañe
tu hermosura.

Moneda Dura

Las rosas solían ser blancas
Nunca la ciudad dejó que el calor
Las marchitaran en su cantero
Las reemplazaban todos los martes
O después que el cielo humedeciera sus pétalos.

Nadie se dio cuenta un amanecer
Que las rosas tenían algunas manchas rojas
No era martes ni había llovido
Me di cuenta ya que era el único que cuestionaba.

Pasaron meses y el evento volvió a ocurrir.
Cada vez las manchas en las rosas eran más grandes.
Mi curiosidad no me llevaba a decirlo en voz alta,
Total, aquí hacen lo que se les da la gana
Y a nadie le preguntan.

Entre más rojas las manchas
Menos desconocidos conocía
Mis amigos eran los mismos
Y eso me cansaba, como los martes y la lluvia.

Nunca vi a los que cambiaban la rosas—
Sé que las maltratan cuando las arrancan.
Yo se las regalaría a los carros que las despiertan,
Pero no soy político—.

Hasta un día que extendí,
Refugiado de la lluvia,
Una noche con una desconocida
Que había llegado directo al bar.

Caminando de manos en busca de un café
En lo que se despertaba la mañana, al cruzar la calle,
Los vi deshuesar los botones
Con la desdicha de un martes.

Le pregunté a los señores
Si me podían enseñar las manos
Ya que las usaban como guadañas.
No quisieron.

Les pregunté que si podía regalar una
Y me dijeron que yo no pertenecía a la ciudad
Que no tenía derecho
Que mirara hacia la cresta de los árboles
Para que viera a los desconocidos
Que se atrevieron regalar una, degollados.

A ustedes que se entregan a la rima:
A esos arquitectos y esas calles con desconocidos
A las 4 de la tarde, retrasada para un té,
Que nos puso de frente:

A todos. A todo: le he fallado.

Preferí no mirarla
Porque soy inteligente y me perdería,
Aunque me hubiese lanzado
Como el más bruto si pudiera.

Lo siento: por mí, por ella, por ustedes,
Porque el envidioso no saldrá a caminar
Tampoco se las describiré
Para que me acompañe
En las noches que no quiero estar conmigo,
Solo comparto mi infortunio.

Ninguno de mis huéspedes
Me ha regalado una conversación
Que pueda hacerme retornar a ustedes,
A quienes quiero,
Porque de todos, soy el más inteligente.

Ella se fue sin sonrisa,
Pobre derrota lógica
Del más inteligente,
Quien no tuvo un centavo para invitarla
A lo que se imaginó, eh,
Aunque ya sé lo que Dios
Tiene que decir al respecto.
Siempre hay alguien más clarividente.

Con todo el talento del mundo
La mala suerte no encuentra otra sombra.

Mirando hacia atrás
Y desde atrás miro hacia donde estoy
Soy el que el niño quiso ser
No precisamente
Lo que los adultos esperan del adulto
En esta ciudad que acaba de nacer,
Mi grito sigue estorbando al amanecer.

Me siento mirando por donde llegué
Era más fácil enamorarse antes
Llegué buscando donde estoy
Aunque nunca me vi sentado,
Pensando que he llegado
He escrito algo, pero no vivo ahí.
Vivo desde donde no se ve el camino.

Tengo más de un enemigo
Y amigos a los que les gusta el circo
Nunca preparé el desarme de alguien
Y porque se cambian el traje
No pregunto nombre.
Lo único que mantiene al artista de la locura
Es la producción diaria.
La obra creada no le cubre la cara a nadie.
Qué es lo que hago a esta hora de la tarde sentado
Con el mar en mi frente cuando no soy pez.
La ciudad a mis espaldas
Sí, es la ciudad la que me tiene sentado.
Estoy cansado, y solo acabo de llegar.

Yo soy un libro. Vivo entre libros. Ellos me hablan de que no se ponen viejos. Yo no me pongo viejo, aunque los años hablan de mí. Los años hablan de todos, pero a los libros no les importa. Los libros no se frustran. Ellos lloran siempre a la misma hora. Ellos ven la luz cuando alguien los toca.

Sin embargo, a mí, que no soy diferente, me ven como un extraño en una librería. Irónico. También hay libros irónicos.

Quizás no tenga código de barra. Quizás lleve muchos títulos. Quizás nadie me compre, y no sepan a qué precio venderme. Quizás por eso no les agrade mucho a las señoras, y señores que trabajan en esta librería—con sus cosas de viejo que intimidan a todos el que vienen a comprar un libro; pobres de los libros jóvenes que no saben como defenderse de los clásicos—.

Yo soy un libro y me debo donde están los libros. Aquí no hay enmendad: solo argumentos añejados, listos para ser consumidos. Me visto con colores, casi nunca gris, blanco o negro. La portada de un libro es importante. También me valgo mucho por lo que contengo adentro, aunque la mayoría de las veces no soy tan simpático. Soy loco—es el adjetivo que más oigo. Mi locura nace de la infelicidad de los demás. Mi locura es una reja sin reconectarse con el cuerpo que le dio forma y color. Apenas hay espacio aquí entre libros.

Simpático fue lo que oí por estos días gracias al eco de la librería que interrumpe—sobre todo a los clásicos que hablan tan alto—el mismo cuento:

—¿Quieres comprar ese libro? —hasta la que vende libro se sorprende, no por la venta de mis libros, pero que se venda un libro.

—¿Está a la venta?

—Me refería a que ese libro lo escribió aquel muchacho—de todos los libros, yo soy el único muchacho. Los que no son libros comen en el patio de la librería.

—No me gusta conocer a los escritores, acaban con sus propias historias.

—Sólo que te lo firme.

—De seguro, gracias.

Los pasos de la muchacha se acercan con su taconeo en el piso de madera. El eco me regala el sonido de dos tacones por cada uno. Quisiera meterme en el hueco del libro que tengo en la mano. Pero entonces ella escogería otro, pero ya compró el mío. Además, ella no es tan joven—entre más viejo, más cuesta cambiar. Los años retienen a la melancolía con más fuerza—. Yo no quiero dejar este lugar. Todo está bien como libro—apretado junto a su pecho; acabo de mirar por una rendija del ojo—. Todo también está bien cuando me recogen no importa si como libro o como muchacho.

No escucho los pasos, pero su figura tatúa de un gris los libros en mi frente. Espero pacientemente hasta que me toque el hombro o el lomo de mi libro.

¡Vamos chica, llévanos a los dos—todo lo que lleva mi nombre está dos por uno; el muchacho es gratis; solo por hoy!

Atrévete, anjá, atrévete.
Atrévete a besarme
A seguir buscándome, aunque no haya camino
A leerme cuando no hable de ti
A dejarme una rosa donde me besaste,
Con franqueza, donde te besé.

Usarás la lengua delicadamente cuando besas.
Atrévete, anjá, atrévete
Y saborearás un majar.

Atrévete a cambiarte,
A no ser yo,
A buscarte donde solo existo yo
Y regálate a mi ente,
Inclusive cuando me mataste,
Cuando me tuve que hacer el muerto.
Desde entonces emulas mis conversaciones.
Tú sabes; yo sé cuanto te divertiste,
Y lo todo que eres, por atreverme.
No me atreví
A secuestrarte sexualmente la última noche
Y se acabó.

Atrévete
Para que veas lo que es no tener.
Qué somos cuando no estamos,
Dime.
Qué es el ayer para el hoy
Quién es quién para no llegar mañana.

Atrévete, anjá, atrévete
Y verás lo que es no llegar.

De tocarla vive la piel,
Mientras no se toque, es solo un alma.

Dios bendiga esos pezones ajenos,
Esos que él ya no toca
Los que caben en mi boca
Si ella se inclina, si algo se le cayera.

No es cuestión de Dios,
Es que no soy un mejor escritor
Un peor actor, tristemente empleado
Por cuenta propia como observador.

Por el momento solo quiero que se le salgan
Cómo cambiar esta suerte
Cómo verla para siempre, y ser su primer día
Tiempo, dame más tiempo,
Darle a la que me quiere más tiempo
Para desear un segundo día.

Cómo hacer para verla en otro cuerpo,
En el que veré en minutos,
Con un año ya en mis ojos,
Otro cuerpo para que no me reconozca,
Y nos busquemos como el primer día.
Sabrá ella que existe este día.

Lo que me encierra no camina hacia la que viene
Por eso me tiene ella aquí:
Una porque está y se irá,
La otra llegará, pero esta no estará.
Tampoco las quiero en el mismo espacio.

Ya por un año, las mismas claras de huevo,
Divorciado de andanza,
Pobre libertad de senos libres,
Pobre boca mía de Dios.

—Tú, tú que tienes tantos amigos— Ella me hizo pensar acerca de cuantos amigos tengo y por qué estoy tan solo.

Nunca me he visto con muchos amigos. Pensé que siempre hablaba solo. No debo saber que es un amigo. Cuando siempre he predicado ser tan completo, tengo mucho tiempo vacío. Todos mis proyectos están retrasados.

¿Cuántas personas me han leído? ¿Cuántas personas se han visto en mis espejos? ¿Cuántas caras se han quedado allí?

Estábamos en un bar cuando ella hizo el comentario. En la media noche de un bar las caras se multiplican—más que ella no frecuenta bares; es tarde y puede que confunda las botellas en la mesa con mis amigos—.

Ella puede que tenga más amigos que yo. Ella trabaja en un café. Ella. No sé cómo llegó aquí. Todo fue muy rápido y sin planearlo. Ella es la misma que he querido ver desnuda todo este tiempo. Ella se está tomando una cerveza conmigo.

Todo ha sucedido tan natural. Le he tocado su mejilla recta, he rasgado sus labios de nicotina de un ocre perfecto, pero su nariz me apunta a sus senos. Los quiero ver. Los podría ver si supiera lo que hago.

No tengo control porque ya pasó.

Cambiaría verlos, por todos esos amigos que ella me dice que tengo. Lo cambiaría todo por sostenerlos por un minuto con mi mirada, mirarlos desde todos los ángulos. Total, me siento solo. Y si me lanzo a tocarlos solo me daría cuenta de que duermo con la resaca como almohada, cuando la tuve en mi frente compartiendo con muchos amigos en esta misma noche que se introdujo aburrida, y que aún no termina con mi impotencia de no intentar besarla. No sé por qué me sigo sintiendo tan solo. Esta soledad está muy adentro: de los dos. La soledad es de cada uno, como los sueños, como los libros no son del que lo escribió sino del que lo lee.

—¿Irás mañana al café? — Ella me preguntó antes de despedirnos—deberás no recuerdo haberla intentado besar.

¿Por qué yo cuando hay otros con más amigos? ¿Por qué yo cuando tantas personas irán mañana al café, mucho más que las que leerán mis libros? ¿Por qué ella cuando tengo tantos amigos?

Es como volver adonde nunca hemos estado
Es seguir intentando, aunque no tengas direcciones
Voltear y culpar a lo único que te sigue, tu sombra,
Cuando el sol se ha marchado,
Donde el sol, las naranjas son inmortales.

Mirar hacia arriba mientras nada cae
Sobre esos puentes que nos salvan
Del abismo que nos han creado.
Y esas luces que nos ayudan con esas caras.
Esas lágrimas que refrescan los besos
Y ni hablar de esas inquietudes
Las que revuelven el camino que no pisamos.

De esto poco hablamos en esta ciudad,
Queriendo hablar todo el tiempo
Cuando volamos ahogados
Sepultados para no vernos
Dentro largas realidades que pisoteamos.

Con una ficción tan pequeña como la de una espina,
Que no mata a nadie,
Nada inca el alma de la ausencia
Nadie puede pellizcar a la ciudad.
Por dónde andarás piel para mi piel.

…Ya me lo habían advertido: la edad, se pierde para siempre. No la pierdas con alguien que ya la ha perdido…

…Pero que voy a hacer cuando me repito más que un clásico de literatura; también resbalo en el suelo mojado a pesar del aviso, y aún sigo amando…

…Las velas se están muriendo aquí adentro, y el día está a punto de volverse espina. Dejé el mundo un día durmiendo, y hoy siento frío de tanto miedo. ¿Cuándo todo se volvió tan grande? Te lo dejo todo para que te derritas y me protejas de esas miradas que hincan, por si yo, solo yo, vuelvo a intentar arrancarte como algo que florece en la noche…

…Mi receso se avecina pronto, por lo que debo apresurarme a escribir con la incomodad del filo de tu pezón, con tus uñas que resbalan en mi piel y tu mirada debajo de la llama de la vela en el suelo casi vuelta en un mar sin saber a quien mira, aferrada a mis pies…

…Toda la noche buscándote como mecha desnuda sobre la mano del que escribe. ¡Sí! Al fin mis palabras te han encontrado, ¿o estarán amenazadas? La cera derretida arde; todos sabemos que con el día mi mecha no es la misma; tampoco la tuya, aunque así la prefieras. No me gustan los desayunos. A ti te gustan cargados…

…Al fin estamos solos, conmigo el comienzo; con tu final ahora tengo tiempo para juzgar sin alzar la voz, aunque me quemes los pies, y después me los inmovilices; eres todo lo que no se mueve y se ve…

…Solos, entre tú y yo solo una botella de

vino, a la distancia, nos puede desviar nuestra atención, la misma que jamás nos volverá a servir…

…Yo sé que serás todo oído, que no me interrumpirás hasta que la mecha se muera. Sé que me leerás donde quiera que esto se encuentre; yo sé que no te podré hacer llegar esto sin remitente, porque nadie sabe dónde los pobres viven. Sin embargo, yo no me aprovecharé de la oportunidad y seré breve, directo, aunque debería robarte un poco de tu tiempo. Los dos estamos esperando por las rosas finales, las que no veremos. El cartero está atrasado un día…

…Tus ojos se me confunden con el calor que afuera está por estallar, los que se cerrarán pronto. Tu pelo es ese lecho donde descansar, la ceniza para no respirar. Y tu amor el dulce aroma de aquel incienso que nunca quisiste aceptar…

…No te he buscado para hablar de ti, sino de mí…

…Todo en la vida lo he enfrentado con ciertos miedos, aunque siempre con la fe que seré capaz de sobreponerme a mí mismo. Ese ha sido todo mi tiempo, aunque no pude más conmigo mismo; creo que por eso te escribo, porque tampoco pudiste conmigo, el del verdadero peso…

…Ya basta de los *aunques*…

…Toda esa energía negativa en el medio de oraciones se ha transformado en todo un sol, así que muero por volver a nacer con la noche. Solo me preocupa mi piel con los años: como siempre se empieza por el este, el sol nos deja quemaduras con cada empezar…

…Y es aquí cuando entras tú, tú la flor del universo, la única rosa debajo de este mar. Tú has sido mi único reto; no, mejor dicho, el miedo sin conquistar: desde allá me quieres bien. Allá no te quiero: no yo, pero alguien aquí dentro, quien te escribe, quizás; quizás a esa vela que no le gusta comenzar...

...Desde que tuve la oportunidad de verte por primera vez tuve la impresión de estar cerca de un fenómeno, un fenómeno que bien me pudo enfermar y hacerme desaparecer. No me enfermé, pero dejé de ser, sino es lo mismo, y no sé como volver a empezar...

...Estoy tan viejo como tú, si sumo tus años a los míos...

...De todos modos sentí sobre tus pezones de volcanes, no solo poder transmitir, sino dejarme desnudarme por una mujer, después que me regalarás esa rosa; después que yo te regalé todas las de la ciudad—con mucho orgullo para mí, y con tu cara de lamento...

...Ese es un reto que sé que algún día tendré que enfrenar: el recordar. Ese mundo finito, y mi desgracia de no poder escribir por tus límites y mi ausencia...

...Yo he decidido renunciar. Ya que yo fui el que ha llegado...

...Serás mi segunda sombra, pero no miraré hacia atrás para mirarte: ahora que el día despertó...

...Tú eres mi única razón por la cual morir, y está bien; mucho mejor no verse morir...

...Siempre te dije que el mundo no era redondo, si no nos hubiésemos caído mucho antes. Más bien debí haber nacido en la época cuando los hombres descubrieron el amor, y cayeron uno a uno, ya que el amor hizo del mundo una la línea que vemos sobre el mar y de la que podemos caer…

…Yo siempre estaré allí, y me adentraré por tus ojos de nube cuando te llame. Me robaré las rosas que allí dejé, ya que todo en la ciudad sigue igual…

…Todo esto porque un día te extrañé mucho, como un amateur, y aunque esté viejo, y como viejo al fin, protejo un jardín de rosas de esos jóvenes atrevidos…Busco a un juez que me haga retornar a mi edad, mientras el doctor me ha aconsejado menos palabras.

Tan desconsolada en aquella orilla de este mundo
Con tus alas mojadas y el mar rayado por tinta negra
Eras la tristeza de los ojos saltones del cielo,
La necesidad de un consuelo, tan aislada por otra
Después que el continente del amor te desprendió
Como si fueses una lágrima más tras este náufrago.

Mi papel, la imprenta de palabras,
Todo desbordado en mí, tomé tu nombre del remo,
Dibujé tus ojos con trazos de niño,
Toqué tu piel y volviste a crecer.

Viviste como el joven que nunca va a morir
El joven que nunca va a llegar.

Entonces ya no eras isla
Te volví oruga, más tarde mariposa.
Entonces volaste al amanecer chillón
Contrario a mis remos
Para impedirme la triste ciudad.

Sonreías. Sí. Cobrabas vida descabezada hacia mí,
Mis palabras se trasladaron a tus alas
Y mis ideas la mejor forma de querer
Para volver a hacerte caminar,
Después que te reencontré en la necrópolis del mar.

Yo no te culpo de nada; lo intentamos hasta el final
Veo mis palabras en esa tarja
Y entendiendo la suerte de estas allí.
Entendí la suerte de tus pies sobre mi cripta
Recordándome cuando caminaste por mi espalda,
Cuando mi cuerpo se desvaneció en la arena.

Los días del mundo ya no importan.

Volabas junto a la ola que caía en mí
Te robó una isla de la gigante creación
Tu sed de tener a quien no puede tener.
Caminas como oruga sobre mis palabras,
Que un amigo me hizo el favor de escribir
Sobre la piedra, en el alma, debajo de tus pies.

Mi tarja calló después de una lluvia de meteoritos
Y descansa sobre mi pecho sin rosas.
Y como aquí arriba solo se permite un artículo,
Vago con agua en mi bolsillo
Perdido en un rincón entre el cielo y la tierra.

Desde el cielo te veo
Escribiendo mis palabras en las tarjas de otros;
Cambiaste de cuerpo
Te volviste roca para sentirme con la lluvia,
Para sentirme evaporando el agua de tu superficie
Y hacer la nube que te regala la sombra.

Yo no te culpo de la tardanza del tiempo
Mis palabras ya estaban escritas, en una isla,
Yo solo las vi formadas en vapor en otras nubes.
Salté hacia ellas y me caí del cielo sobre tu roca
Y aquí me encuentro debajo de tus pies
Sin poder evaporar la lágrima
De una tarja que tanto odias.

Bajo este puente sopla el viento
El viento que atrae las notas de tu fago.
Entre notas tu sonrisa
Se pinta en el cielo en otro color
Aunque no sé realmente quién pinta a quién,
Quién es la gloria dentro la gloria de tus notas
Improvisadas en la soledad de la cima del puente.

Solías en tu feliz amargura
Criar en tu cuerpo la poca censura.
Viviste en todos los continentes
Por la dicha que la luna sigue a todos
Sobre puentes que no acumulan presentes
Como esta ciudad no termina
De dar vueltas en mí.

Bajo esta pluma me esmero
Y recuesto el pañuelo
Al sudor del padecimiento de mi cuerpo
Con el sonido de tu fago calmando mi fuego.

Si la ven díganle—porque no puedo subir,
Sí. Díganle que aún le escribo
Porque no tiene rival ni en el bosque.
Díganle que soy todo, que logré ser
La estrella de esta pequeña ciudad.

Si no la oyen sobre el puente
Lean este motivo de expresión
Sin temor al lamento por no tenerla
Bébanse unas copas y reciten junto al calor
Todo lo que se ha perdido
Escríbanle todo lo que han querido decirles a otras
Por falta de valor, díganle todo

Y verán la nota por la que hasta robo.

Y si es que no me ven
Más por ella, díganse
Que he vuelto abrir la puerta,
Que he vendido su nota
Puede que esté sembrado bajo otro puente
Buscando otra nota, otra sonrisa de cielo
En un lugar desconocido, siempre mendigo,
Como todos
Vigilando la nueva nota entre tantos guardianes,
Aunque hay luna para todos.

Solo que esta nota no me deja ir por otra.
Puede que esté atrapado
Tras el colapso del puente.

Esta ciudad me ha marcado, como se refiriera ese escritor en las calles de Christiana—conocida hoy por Oslo, capital de Noruega—en la novela *Hambre* de Knut Hamsun.

A pesar del contenido de la novela, esta también sufrió el andar de Hamsun, Premio Nobel de Literatura en 1920, al ser publicada por primera vez en parte y de forma anónima en 1890 en una revista. Más de 100 años después, y 4728 kilómetros de distancia, tuve la oportunidad de coincidir con ella segundos antes en una noche en la que me había decidido no más buscar entre los libros de una librería que lo intenta.

Hambre nos sitúa en la necesidad de un escritor de ser prolífico. Un escritor que no nos deja saber mucho de su pasado, solo de su necesidad, y necedad de no jugar otras cartas dentro de una sociedad que no permite colinas muy altas o profundidades oceánicas del pensamiento. Este joven escritor, quien se apoda diferentes nombres, pero realmente no nos deja saber el suyo, lo intenta como él entiende debe ser.

Hambre no tiene una trama que nos haga sentir al filo de la silla. Es una novela fría, repetitiva que no deja los limites de la mente de un escritor. Uno siente el dolor en el estómago del hambre y uno no sabe si volveremos a llevarnos a la boca una migaja de pan. Uno tampoco piensa en otra posibilidad de ganarse la vida que no sea la de escribir, y disfrutar ese momento en el que el personaje escribe. No hay conclusiones, ni plan para sobrevivir en esta ciudad que parece cobrarle con su vida, pero en la que al mismo tiempo él no pretende renacer.

Le escribo a *Hambre* porque es una de las mejores novelas escritas que he leído. Sobre todo, porque siento pena de no haberla leído antes y no encuentro a quién culpar. Siento pena que otros se pierdan de tanta humanidad, que la mayoría—de la que ya no soy parte—no sepa de ella. La librería ha comprado varios ejemplares porque sabe que yo también lo intento.

A pesar de que creo que *Hambre* me destinó a mi vida de vagabundo días después de haberla leído—después de una vida rica de optimismo al pisar esta ciudad—, esta novela es un naufragio por la belleza del aferramiento.

A diferencia del protagonista, quien determina irse y ofrecer su mano de obra a un barco que departe de Oslo, yo sigo pasando hambre en estas calles, aunque con varias novelas escritas a la venta, y sin abandonarla.

Me encantaría una ciudad gris
Del color del alma
Para pintar sus carros de rojo.

Una ciudad necesita de carros
Como el alma necesita de colores.
Que todo se quede entre el día y la noche.
Después de emborrachar a el tiempo
Todos despertarán y saldrán en el mismo instante
Sin presión en el alma, con tiempo para colorear.

Con tanta luz regalada
El alma está anestesiada,
Y al mar lo han dejado como está,
Solo con peces azules que no se ven,
Con hombres en bicicletas de libertad y sin timbre.

Estalla el rojo con el ruido de los carros
El tiempo no va a descansar
Será otro el día gris.
Aunque no sepa pintar
Sigo esperando un alma
Para llevarla a pasear en un carro rojo,
Que tampoco tengo,
Y cenar unos peces de colores,
Aunque no sepa cocinar.
Alguien toca a la puerta
Llega por mí junto a la luz del día,
Alguien con carro y que sabe cocinar,
Aunque no sabe pintar.

Hoy buscaré entre mis notas fortuna,
Me venderé como una puta
Recogiendo el más mísero centavo
De idea en idea, de verso en verso
No regalaré más recuerdos.

Cambiaré cada sonrisa por pañuelos
Y encontraré en la mierda los *te quiero*.
Me pondré el vestido de mujer
Y en una puta me convertiré.

La necesidad de comer
En fama se ha convertido
En el filo del puñal
Mi verso será vendido.

A la vista del que paga
Mi letra llegará
Soy merced a la querella
Seré placer que les regala letras,
Letras sin nombres y sin poder.

Vestido todo de mujer
Sin alma, pero con voz
Sin flores, pero con pluma y tesón
En puta me convertiré.

No han oído más de cien palabras
Del látigo de mis labios,
Y dicen que hablaron de mí toda la noche.

La vida no me dio esos labios
Ni el perdón para darlo.
La fatiga está en el cansancio
De esos corazones y las huellas de mis pisadas.

Hablaban de la hija de los que describen bella
La soledad los ha encontrado
No es por astuta su tristeza
El camino así se lo han trazado.

El cuerpo nos juega mala cabeza
Si no nos encontramos,
Por eso hablamos
Pero el alma no se cura porque se toca;
Peor la ciudad que ni se menciona
Detenerlos pudo haber curado la carencia,
Mas hoy no entienden como pudo haber pasado
Llevan en sus vientres estrellas
Y no saben a qué universo pertenecen.

Yo no fui
Yo hubiese hablado antes de otras estrellas
Y el universo que la espera.
Así es que siguen hablando del que escribe
Con el eminente nacimiento de un agujero.
Espero que lean mi testamento.

Escribo algunas páginas para un ciego,
El mismo que no aprendería a leer si pudiera ver,
Así dedica versos que arden en su córnea
Sin saber lo que dicen de tanto dolor
Ya que una vez oyó que de las palabras nada es real.

Sigo yo aferrado como él a no saber
Sigo yo, aunque no quiero, no sé si él quiere ver;
Mis palabras fingen verte
Estás junto a él,
Y le creo cuando dice que estás en mi frente.
Estamos sin ti y sin mí aquí
Mirando al cielo con sus ojos.

Aquí juntos a mi mañana azul,
Como le detallé al ciego,
Aferrado a hacerlo entender lo que es volver a ver,
Aunque yo tampoco veo
Y confundo el bastón de mis palabras con tu mano.

Habrá café para todos
No hay que preguntárselo
Nada nace tan solo
Pero dejo la pregunta como cosa mía.
De las cruces, cual nos transportará
Entre tantas y tanto, esta noche estaré solo
Una más, muchas de menos, qué más da
Cuántas preguntas hice, no recuerdo.
Cuántos labios en la historia de un vaso de bar,
Dolerá no estar
Ya no hay exclamación ni interrogación,
Tantos buenos días le harán el día bueno al chofer
Todos los que están no se ven, pero se quedaron.
Dormiré al sueño porque ella dice que es la hora.
Me veré morir entre mis propias manos;
Un pétalo de menos; la rosa sigue entre las hojas
Hojas de un libro que hacen mucho ruido
Aunque ya no siento mi cuerpo
Están usando la naturaleza en mi contra
Siento una espina en mi respiración
Cuántos cuerpos comparten mi esencia
Recuerdo 184 besos en el último año de mis 31,
Solo el primero de lengua y corazón.
No vale la pena.
Pregúntale a la marea el tiempo que nos queda.

Siempre he soñado que me ahogo en el mar. No sé si los oceanógrafos son exagerados como yo, pero ellos también tienen una historia de horror para los que viven en esta ciudad: Eventualmente el nivel del mar cubrirá esta ciudad.

¿Pero quién contará lo que cuento, de la rebelión que a continuación les presento?

La realidad del capital que rompe el cielo de esta ciudad es que es un capital extranjero con garras de esclavizadora. No es solo una cuestión de los escritores de la ciudad: nadie disfruta lo que hace y nadie se atreve a no hacerlo.

Me preocupo por los escritores que caminan a diario por las calles intransitables de la ciudad que morirán ahogados. A ninguno le he estrechado la mano, ¿me estaré imaginando una ciudad con escritores? Sé que hay muchos que se refugian en sus casas—cuyos manuscritos flotarán en el océano; si es cierto lo que predicen, los manuscritos navegaran sin palabras ya que el mar se habrá tragado la tinta.

Tan simple y bello como lo que las costas de la ciudad tiene que ofrecer en su panorama anormal, de perfección literaria, nadie toma nota: ¿Cuántos balseros aquí llegan y no esperamos? ¿Qué esperan los escritores de la ciudad para sentarse en la orilla de la mar a esperar a esos cuerpos desesperados, con historias de todo tipo desde una isla que por cerca que está no se ve? ¿Por qué la autoridad tiene que entrevistarlos de primero? ¿Qué sabe la autoridad de la humanidad de estas vidas? Las leyes son una pena; los que la aplican son arrecifes gruñones sin mar.

Un *¿Por qué son así aquí?* rabioso nace de mi

alma. *¿A qué, a quién, le temen? ¿Moriré intentándolo sobre estas calles? ¿Pintará la autoridad las calles con mi sangre?*

Tampoco importa porque el mar será el que camine las calles con su rabia, aunque realmente yo usaría una palabra para aniquilar cualquier tipo de autoridad, menos la del mar. Aún recuerdo, aún le temo.

Hablando con otros escritores de Ciudad, todos me sugirieron que si es que nos hemos resignado a no salir de la ciudad, y por lo tanto nos ahogaremos, que si es que el calor se siente como que si se haya perdido cada asalto, ¿Por qué no nos organizarnos como mafia, una mafia de literarios? ¡Qué importa que la literatura sea una droga más! Al final lo que nos tiene ahogados no es el océano, sino la mafia del club anti literario que hoy en día lo componen la mayoría de los seres humanos.

Vamos a enseñarles qué es lo que significa *trabajar por amor al arte*, como siempre mi abuelo me advirtió: *no trabajes nunca por amor al arte.*

Renuncien a sus trabajos. Robémonos la comida y encontremos cuando no estemos escribiendo. Hagamos que los policías nos tengan miedo—nosotros sabemos cómo herir sus corazones antes que ellos nos disparen y corramos antes que nos lleven preso; no hay otra justicia que la que se implanta—, y si vamos a un bar que nos reconozcan con un trago de cortesía.

Al diablo con los que nos hacen parte del sistema.

Pobre niña de ciudad que no crecerá, de acuerdo con esos biólogos locos que pueden que estén en lo cierto. Me duele que los escritores se dejen tratar así—porque yo no me he dejado—, que sean restos fósiles sobre los cuales se construyen esos rascacielos, los únicos espectadores que ven los balseros arribar a la costa de libertad, y le regalan una tarjeta de crédito.

La ciudad no puede ser construida de arriba hacia abajo, sino de nosotros hacia arriba. Han aplastado nuestro tiempo necesario para el ocio.

A ustedes que los he visto republicar mis obras, y después con sus codos en la mesa de esa librería, que les da oportunidades a todos, y tapándose sus caras con las manos porque piensan que han perdido todo ese tiempo escribiendo, ya que sus libros no los reconoce nadie y sus caras son una arruga más de este mundo, los escritores debemos ser recíprocos con la mala fortuna que nos creamos.

Todavía hay algo de tiempo, hasta para vengarnos del mar. Por ejemplo: cuando el hielo finalmente se derrita, nosotros podremos envenenar el mar con la tinta de nuestros manuscritos, si es que nos auto empleamos a tiempo completo.

Serán pocos los humanos
Que percatarán el mundo estallar
Serán unos pocos, eh, pero los dos desaparecerán.
La tierra jamás será despoblada
El hombre morirá con tierra
Y la tierra desaparecerá cultivada junto al hombre.
Tierra y Hombre hasta el final.
Qué te pasa cielo que no tienes Hombre
Hombre sin poder saltar, sin poder llegar
El hombre en azul se lo inventa todo
Las piedras que caen del cielo en el patio de la casa,
Por cierto, de donde vienen.

Me veo en una triste figura
Que viaja por nidos sin importarle el pájaro
En su espalda una espada
Para acuchillar al que no le de nido.
Cada vez que paso por el nido asomo la cabeza
Desde nidos distintos
Aunque me cuestiono no le pregunto que hace,
Pero sé que tiene la fibra de un sueño
Puede que estemos buscando desayunar.

Con más claridad me veo en una delgada figura
Toda vestida de esmeralda;
Es de una mujer su estatura
Que teje el alma.
Todo lo que la mira
Lo adhiere al reino humano.

En un infante figura
Que brinca de alegría
En su cabeza espigas de luz
Que rebota en el espejo sobre la tierra
De tanto calor, pienso en ir a la playa.

En la tertulia matutina entre ellos
La figura triste se ha marchado
Antes que mis ojos se abran
Me visto con la espada del guerrero
La esmeralda me devuelve el pudor
Y el niño impaciente
Me estremece al despertar.

Este soy en el espejo antes de salir
Con figura erguida, de colores, de contradicciones
Recuerdo la sombra de la luna
Antes de que tú cerraras la puerta
Sin mirar de vuelta a mis sueños.

Eras perfecta,
Y el que te quiera de otra forma que te describa,
Pero no te quise al final.
Lo dije más de una vez
Y tropecé con quien soy:
El vientre de lo que no pudo ser
Y que me vio nacer.

Eras, pero la naturaleza tampoco quiso,
Así de locos son los creadores.
Yo te quería, aunque te ensenaba el desgano.
El árbol que sembraste hoy da la mejor sombra
Asumo que la naturaleza también te quería
No sé en qué fallaste
Todos te han fallado.
Así son de locos los creadores.

El día que pensé en el futuro, el día en que pensé que no debería vivir diariamente y que habría un mañana…en fin, ese día todo se acabó.

Se acabaron las mañanas, la buena vida del segundo de hoy. Se acabó el afeitarme hoy. Se acabó hablar con ella hoy…en fin mañana puede que volvamos a coincidir.

Siento las botas sobre el camino hacia mañana no parar. Una mala pisada y el cielo se cae. Es de noche y tengo que irme a dormir. Hoy no pasará nada. ¿A quién le importa cuando todos duermen ya? Si debo pensar así, no debo pensar más hoy; debo descansar. Ellos piensan que el hoy no es tan importante como el ayer, ni que el mañana se merece su entusiasmo porque antes de mañana hay que dormir hoy.

Así vendrá mañana y los demás días donde no todos estemos, porque hay otros que piensan en el mañana, el fin de semana—en el que dormirán temprano porque el lunes se acerca. Hoy estoy escribiendo algo para mañana, algo que ocurrió ayer sobre una esquina que siempre estará.

No lo he terminado porque me he distraído buscando en qué lapso vivir. ¿Y si se acaba hoy qué pasará precisamente mañana? Mañana no tiene que pasar nada. Si no me encuentran en mis historias será porque yo también tengo que descansar temprano hoy para que mañana no pase nada. ¿Por qué me tendrían que encontrar mañana, cuando lo soy todo hoy? Quizás, por esos que duermen ahora el futuro existe.

Si me miro en el ventanal de la noche, aquí estoy yo y no es mañana. El hoy goza con uno sin importarle si uno le hace caso.

Mi caso es que a diario me pregunto sobre la misma calle—tal parece por la cara de la luna que a la misma hora—si pasará algo al final para no cuestionarme más por qué paso por esta calle donde no pasa nada.

Ya no nos ven los cristales
Faltan dos árboles en la sombra
El sol brilla con más fuerza en esos ventanales.
Adentro, nuestro tema retumba por mi atención
La música se alivia de interrupciones
Por el cese de nuestros labios.

No podemos ser menos, cuando lo fuimos todo.

Así fuiste, aunque todos bailaban. Nadie nos vio.
Así te quedaste en mi visión,
En todo lo que es cristal
Se quedaron tus suaves maneras, mis interrupciones
Se quedó el tatuaje de mi piel,
Que los cristales se enorgullecen de verlo.
Cómo puedes ser todo lo que no se ve.
Te querré así, donde no estoy.

Y me pregunto si le respondes
Al vidrio de la pared.
No sé si estoy sordo
Ni por qué me interesa
De seguro, mi alma es del mismo cristal
Que aturde a la ciudad y a tus oídos.

Habrá alguien mal entretenido en la ciudad
Los hijos y las hijas van de la mano con sus madres
El sol es mi rival en la playa
Me gustaría ir a Alemania,
Pero perdería lo que no tengo
A pesar de mí, quien más
Sufro por la distancia entre las nubes y los árboles
Aunque sé que el viento se divierte siempre
Para qué pensar en una librería
Hay personas con las que hay que bajar la cabeza
Ya me has dicho que todo se ha dicho
Mientras organizas todo diferente
Esta falta de alguien neutral
Un viaje me haría más solo, Alemania
Creo que te iría bien con ella
Solo que no vive ni aquí ni allá, le aconsejé.
Esperemos pacientemente que el mar
Entre por las ventanas de la ciudad.
Estamos solos sobre una piedra
En la bahía y apenas salpica.
Dos hombres:
Uno por un hombre, el otro por una mujer.
Hoy en día es más fácil no encontrar a alguien.

Cuando suenan las campanas, la hora exacta,
Mi corazón se deslumbra
Se conquista una dama
Y se muere en silencio algo que puede nacer.

Tu sonrisa de consuelo
Sale a caminar sin aliento
Sin campanas en tu adentro.
Mi verso no es el que te ataca
Tu conciencia de engendrar lo es.
Soy de todos, tu más fiel reflejo.

Te he seguido por los rincones
Buscando lo bello que se te escapa
Junto a las ratas de restaurantes
Sobre las aves con riendas de tu pelo,
Para ver si algún día subes por las nubes,
Y si me caigo,
Me esconderé en la sombra de una rosa
Para ver quien te regala.
He tomado clases de astronauta
Solo por si no encuentro quien fuiste en la tierra
Saber que tengo un universo que nadie explota.

Tantos minutos
De silencio después de las campanas
El mundo se ha puesto al revés, somos viejos,
Hasta el cuervo del naranjal calló
Y tu silencio, tu vientre,
No es más que la constante del mundo.
En tu cuerpo no habrá cambios,
Tengo pena por las flores del universo,
Irresponsable universo, sin sombra de tu amor.

Siempre pensé que tu sombra reinaría el universo.

Así lucía. Así me hacia creer—o le di lugar a dudas. Todo tiene lugar a dudas en mí, a todo le doy la oportunidad y así dejé el placer entrar por la ventana de este 21 piso. Las dudas se concretaron cuando la desvestí. Las dudas ya no eran dudas. Ya no son dudas.

Mi X saqueó quien es ella hoy en mí. Ella sabe dónde ir, qué oír y leer, qué escuchar, qué apreciar, qué saborear y cómo; saqueo que le durará poco ya que los oceanógrafos hablan de que la ciudad se ahogará con sus lágrimas, esa lluvia de sus lagrimas desde el piso 21 de la ciudad. Ahora trabaja con un objetivo, para no trascender. Ella sabe más ahora porque no le hice caso a mis dudas acerca de la ciudad en su intento de exiliarme. Ella no es más que una agente de la ciudad, el tallo y la espina que nunca dieron lugar a las rosas en mi cabeza. La ciudad y ella—ella y la ciudad se pintan de blanco—son mi presente que no parece terminar.

Mi X y una avenida me dieron un lugar para escribir—sutil gentileza—, como también me dejaron colgando de dudas cuando no pude escribir más. Desde allí se veía el mar a mi derecha y a mi izquierda la ciudad—atrapado como el corazón en un cuerpo. Allí nacieron mis novelas *Burrowing for Abyss* y *Jamás Será*. Allí por poco no crecen.

Mis dudas encontraron nicho en los elevadores en descenso del 21. Ellos me enseñaron los perros más feos con dueñas de cuellos lizos, pero con años que no pudieron burlar con caras tan amargadas de lo mismo—de ascensores que bajan dinero robado de otros países—que tenía que haber robado; hay un dicho para el caso: ladrón que roba a ladrón no es ladrón.

En esta avenida no se vive: los restaurantes cierran temprano y si tomas una copa a las 3 p.m. interactuarás con la cara antipática de la barman—luchando para pagar su próxima cirugía del *tip*.

Todas estas mujeres de semicírculos dibujados y de líneas desgrasadas no obedecen al código genético que nos une—o la selección natural que se ajusta a mi creencia. El futuro de la humanidad no tiene apariencia bella, por lo menos no lo tendrán al nacer, ya que los hijos no serán hijos de la compatibilidad de la belleza natural. El código ha sido burlado.

Para qué hablar de mi X, sin una dentadura completamente natural, senos que colgarían hasta su cintura si no fuese por esos viajes a Latinoamérica en busca de un bisturí, una cintura con más marcas alrededor de las caderas que una línea discontinua—todo esto fue descubierto con el desgano de su luz ante la noche, cuando la ciudad, la de tu alma, me hizo una seña al ponerla a dormir con tanto maquillaje tan temprano. En la mañana, las sabanas olían a su fragancia, pero su cuello húmedo, me daba miedo que dieran lugar a hongos. Sospeché mucho de su olor.

Así que me encerraba en una esquina del apartamento a la hora de escribir—el lugar más céntrico de todo Miami—lo que siempre he buscado, lo que todo escritor desearía: una burbuja en el cielo en descenso, desinflada de inspiración. Un apartamento de paredes de cristales. Desde allí, me enamoré de una isla a lo lejos, que no tiene nombre y es del tamaño de mi cuarto. No quise ni nombrarla, ni proclamarla mía. No quise ni tocarla, como a los. pies de mi X—estaba perdido en ese código artificial en el que ella se preguntó tantas veces por qué le profesaba tanto amor a sus pies—se los tocaba y le encantaba, como le gusta y le encanta a esta ciudad que yo caminé hambriento de fuga en busca de historias en sus bares despoblado, tan bien engalanados.

Sospecho que la nada sabe mejor, y si no fuera por las cirugías—para hablar claro—, no tendrían en qué gastar el dinero. Lástima que regale mis libros.

Quizás por eso, en *Burrowing for Abyss*, el apartamento 21—como nos referíamos con mis amigos—lo detona quien lo habitó. En *Jamás Será*, la avenida es una ruina—no soy más que el virus letal que esta ciudad tanto añoraba.

Mientras tanto espero que disfrutes de tu estética solitaria. Hasta que no expandas tus noches con goce y no te apague el poco consumo metropolitano, solo hasta entonces te daré minutos antes que amanezca—no habrá hijo en tu vientre. No es una condena, pero sabes que me escondo del sol sobre esa isla, donde acaricio tus pies cuando no estás, mientras tú desgastas tus años que yo reparé.

Mientras tanto, mientras sigan luciendo así, las dos no serán más que mi X: la ciudad tendrá mi cara y tú: mi sonido, aunque no reconozca tu cara y la ciudad nunca ha sonado bien a mis oídos.

Cuánto tiempo hace
Que no se estrella una estrella
Que no se roba el agua, lo más fehaciente
De esas que pretenden que se la roben.

Al santo prohibido, olvido,
Obviamos lo obvio.

Sereno alivio de sombra movida por el sol
Se transporta al miedo de vivirlo
Nos creemos saciados por sacrificio implantado
Todo se ha apagado
Con la llama del frío de este huerto.

No quiero abrir los ojos sobre escarchas
Sé donde estoy—donde todos evitan estar
Muchas veces por el influyente degrado
De gentes que te pasan a tu lado
Que juzgan por no robarles lo que tienen.

No tengan dudas que el mundo gira con cada paso. Lo peor, o lo mejor, es que nos creemos adaptados al movimiento, o simplemente no creemos en lo que nos puede sorprender, creyendo en todo menos en la muerte, lo más seguro de nuestro futuro. Nos gusta hacer de lo obvio un cruel amigo, como el cuello espinado de la rosa.

A pesar de su tono blanco, el tiempo sigue cobrando en esta ciudad, y lo malgastamos; a nadie le importa y nos detenemos a pensar, y pienso en todo este tiempo en que he probado los mejores vinos, he ido a las mejores fiestas de la ciudad, las chicas más inteligentes—que no saben hacer el amor—: todo esto con la altura que me he construido, la del único disponible en las calles.

Así, caminando por ahí en la tarde de un martes, antes que lloviera, recibí una llamada por teléfono:

—Mi ídolo, — me dice Francisco al contestar—mi abogado que me defiende, aunque no sabe cómo; realmente me invita a restaurantes lujosos, aunque nunca le he podido pagar por su trabajo—. Casualmente estaba pensando en él, ya que la noche pasada me había invitado a un bar a tomar mi cerveza favorita, hablar de las cosas que yo hablo y encontrarme con la que siempre le quise ver sus senos—esa la del café, la que envidia mi cantidad de amigos.

—¿Cómo estás maestro? —le respondo.

—Ven para acá urgentemente.

—¿Dónde Estás?

—En la esquina que dejaste atrás.

Me doy la vuelta y doy unos pasos hasta llegar a la encrucijada de cuatro esquinas. Lo veo en la esquina perpendicular a la mía moviendo sus brazos.

Francisco está en un restaurant nuevo en el que nunca he estado. Cruzo la calle y entro. Llegar a donde está Francisco me toma un tiempo ya que saludo a unas cuatro mesas.

—Señores, les presento al mejor escritor de la ciudad. —me presenta a un par de abogados de inmigración.

Yo me olvido de él— un gordito que no da la taya, aunque se ve muy buena gente—. Pero la otra me tomó por sorpresa cuando la saludé, con esa forma de devolver la copa de champagne a la barra.

—Hola, soy ...— no me acuerdo de su nombre, aunque tengo su tarjeta por ahí.

No pude aguantar las ganas de decirle lo que se merecía y salí del restaurant después de un pequeño monólogo de presentación, del que ella se quedó encantada.

Yo cambio el rumbo. Me devuelvo al café donde estaba antes de la llamada de Francisco. Me devuelvo con ella al espacio donde escribo. Su piel sin escamas y de pecas en los hombros, el brillo carmelita e impermeable de sus ojos, toda vestida como una estadista de Chanel. Por ella siempre seré un inmigrante.

Camino cuatro cuadras tocándole el pelo. Yo sé que el viento se peina su pelo con mis dedos. Ahora no sé lo que beso que me hace sentir su cuello hasta donde el pelo nace. ¿Estaré besando la tierra? Ella tiene todo su pelo sobre su cara y respira profundo—sin dudas el sol de la ciudad quema. Estoy delirando.

Al llegar al café, un amigo me saluda a la entrada con una seña. Yo entro y abro mi computadora. Saco de mi bolsa la tarjeta que la abogada me dio y hago mi investigación. La única persona que sale, producto de la investigación, no se parece a ella. En su página web allí está. No me debería haber ido de su lado. La noche sin mí la enfriará. Mañana no me reconocerá, como si me hubiera depilado la cabeza.

—Yo la conozco a ella— me dice un amigo al acercarse a la mesa.

—¿Seguro?

—Ya te la enseño. Ella es mi amiga. ¿No es bella?

Auch, ella es ella. No tiene pelo.

—¿Yo la acabo de ver con pelo?

—¿Qué tiene que ver eso?

—Esa es otra persona.

—Es la misma.

—Parece que tiene alguna enfermedad.

—¿A quién le interesa? Es bella.

—A mí.

—Eres uno más de la ciudad.

Me quedo callado. ¿Llegaré a tiempo, antes que la tierra la aleje de donde la dejé?

Pongo la foto con pelo y sin pelo una al lado de otra. Por la ventana veo en el restaurant de la otra acera a dos mujeres rapadas, y en la siguiente mesa una mujer y un hombre con pelo largo. Me gusta la estética. ¿Viviría yo en un bosque? No. Soy del maquillaje de la ciudad. Increíble, soy uno más en la ciudad.

Cuando me llevé tu última mirada
Recogí tu calor con la gota que cayó de tu frente
Oliendo el sudor de tu cuerpo en la esquina
Reprimida por el sol en mi sepelio.

En momentos en que no tenemos
Y somos pacientes con lo que queremos
La gota más pequeña de la frente
Dulce, ácida, espontánea naranja, nos llena.

De tantos intentos para sobrevivirme
Nadie sospechó
Lo que me mantendría vivo sin oxígeno.

En tu juventud acabada
Tus olores se ven mejores
Que todas las rosas que me acompañan
Me siento solo oliendo tu fuego en esta esquina.

Le echaré más leña a la esquina
Para ver si de ahí sale un nuevo momento
Como el sol de esta ciudad
Nunca dejará de fustigar tu frente
Y no te deja ser amada porque nadie sabe de sudor.

Aislada en su castillo
La princesa blanca a todos miraba
Como un mirador que a todos percata.

Su piel posaba en busca de un tatuaje de amor
El dibujo de un niño es su piel
Creída creyente de tal bendición
El tiempo así pasaba y nunca experimento
El valor de su fantasía enamorada.

Cada vez que pasaba la veía
En su balcón y me decía adiós,
Desde allí sus labios suspiraban a mis espaldas
Que alguien la encontrará
Hasta que un día nunca más me sonrió.

La princesa que a todos miraba desde su balcón
En su propio vacío se desbastó
Y en días raros
A la niebla se entregó.

Me llamó la atención
Que ella allí se quedó todas las noches de niebla
Toda fundida en bronce apareció su balcón
Su cuello erguido
Lo tapaba una bufanda de algodón
Era una estatua cuando me acerqué
A quien nunca supo de encarnar al amor
Y a la idea suicidó.

Las pesadillas. Las realidades
Y no hay vuelta atrás al deseo.
Aislada en su castillo
La princesa de bronce a todos mira con tesón.

Todo lo que los oceanógrafos
Vaticinan con la subida del mar
Lo esconde el reloj que no gasta el dolor.
De aquí a allá hay tanta distancia
Que los días se revuelcan,
Cuando cierro los ojos no sé si me ahogo en el ayer
No sé si me encuentro con tu ausencia
Esos días, hoy son perfectos
Para el mañana el odio
Hoy, no tiene que ser el veneno.

Soy tan terco que no creo que me ahogaré
En el mar si me quedo en la ciudad
Menos que el reloj me curará
Es tan difícil vivir de lo que se ve
Si el sol se va y vuelve
Cómo no creer en el próximo día en esta noche
Tampoco el suicido es la solución
Donde están nuestros hijos
Qué le hiciste al reloj; en que volviste la esperanza
No encuentro nuestras huellas en la arena
El mar no me devuelve por donde vine
La tinta de mi pluma me intoxicó de mala manera.

Cuando del silencio
Sale un amigo
Abraza el buen sentido
Y quema toda pobreza.

Así me quedé un día
Mirándola desde la calle
Cuando a ella no le importó
Desde su burbuja en el cielo
En la que me dormí sin verdad por un momento.

Todos nos vemos alguna vez
Adornando las calles
En el ingenuo acto masculino
De perder, para no envejecer.

Cuando alguien se te acerca
Sin saber de tu fortuna
Bríndale la mano sin temor,
Puede que sea yo
Desde el silencio de mi nuevo carro viejo.

Aléjate de escribir
Me inspira la ciudad
Para volver a decir lo que no cayó bien.
Envuelta con tristeza,
Del camino en que se perdió en la noche,
Renace su fuerza con la línea del horizonte.

Ella quiere que lo intente hasta el final,
Pero no sabe cómo retratarse.

Si la oyera y volviera a nacer
Tendría que engendrarme en sus límites
Ser el hombre y la mujer.
Envuelta en esperanza
Bella mañana llegaremos lejos sin consejos.
Callemos el deseo de vernos mejor.

Por qué no darme un chance
Después que nací, al fin soy.
Quién sería si vuelvo a nacer aquí
Varios, quizás, de los que se reúnen
En la única esquina de la ciudad que le dedico
El hombre y la mujer que no quisieron nacer
Es la mejor oportunidad de ser aquí.
Prefiero morir, pero tampoco aquí.
Envuelta en su traje de pluma
La paloma de mis sueños
Busca paz, esa la de las paredes blancas,
La ciudad no se calla en esta mañana
Con temor a perderme ante mi coraje.

Tu mano en mi rodilla
Mi mano sobre la tuya
La fe de la despedida en tu mejilla
Y mis ojos en los minutos de lo que nos aleja.

En tu mano un libro de poesía
Mientras se aclara el día
Los versos imploran tu regreso
Pobre marcha de tiempo eterno.

Sé que sabes que el mañana
Es un profeta embustero
Tu madurez es mi sabor añejo de los versos
El vino de mi credo
Que sabe mejor con la uva de los besos.

Una nube cayó
Encima de una de mis pendientes
Y desangró su esencia
Alegrando la flora
Escabullendo la fauna.

Una nube dejó
Un rastro de dolor en su adiós
Y cuando salió el sol
Nunca más se habló
De la que rejuveneció este pasto.

Una nube dejó un lunar de aceite en mi piel
Que arde cuando le da el sol
Me obsequió una musa
Porque la recuerdo como ninguna otra.

Una nube llegó a mí en forma de metal
Desde donde ella calló junto a la brisa de la nube.

En la colina de mi soledad hay un cielo abierto
Su humedad me recuerda
Mis manos verdes la recibieron
La única gota que no se estrelló.

Cuando se la llevaron de vuelta al cielo mal herida
Dormía junto a ella y su dolor me despertó
Extendió su mano al olvidar el ramo de rosas.
Me hubiera gustado extender la mía para dárselo,
Pero en esta llana ciudad no hay pendientes. Solo,
Sueño con ella en mis brazos por una última vez.

Toda vestida de blanco
Sales con tus ojos a buscar fortuna
Sostienes la figura con tu cuello de trueno
Arrancas ternura con tus manos de palma.

A todos se nos ha perdido algo aquí abajo
Te encuentras asustada de tarde tras tarde
Sin espinas ni almohadas
Cayendo sobre mis manos gastadas.

En tu piel irradias el beso que detengo
Mientras susurran mis recuerdos llenos de magia
Cuando te reencontraste con las huellas
De mis manos marcadas en el asfalto de la esquina.

Dejaste tu aliento con una palabra brava
Tu corazón es un trueno sin alma
Buscando manos atrevidas con cayos de trabajo
Mira mis manos siguen en la esquina,
Hace ya que no trabajo.

Descansa un rayo de fervor
Hay espina y la tierra es un tambor
Hay odio, sudor y sabor
En esa esquina donde él lo dejó todo.

En el alma del que la describe
Se esconde la sombra impermeable
Una llama encendida de quien no la apagó
Siempre hay una estrella que devuelve al seductor.

Ya no escribe
De la sombra saca color
Lee mientras duele en su piel
Donde ella describió su muerte,
Pero no importa, hay un cielo con brazos para caer
Alza la vista y ve a otras que sonríen,
Dejando sus pañuelos en la esquina
Así que seca la lágrima que ella dejó en su piel.

Si no te veo
Para qué tengo
La justicia no es natural
Y no quiero trabajar la tierra
El sol aquí seco la saliva de la herida.

Todo lo que aprendí
Fue para hablar de ti,
Como puedo deshacerme
De todo lo que sé por dejarte partir,
Cuando todos me oyen por ti
No quiero hablar de mi odio.
Ya no me duele ni la lengua.

Destierro tu competencia
En ausencia de justicia
No intentes deshacerte
Porque no te inventaste
Y me tienes arando la tierra.

Lo que sufre la rosa,
Sufre la herida del aire disecado,
Cuando se arranca para darla en ardor.
Lo entendí cuando me dieron un beso apasionado
Y me mordieron la lengua con la mejor intención.

Todas las cosas que no abarco
Pueden robarme todo mi tiempo.
Sin embargo, yo no le puedo ser recíproco
Porque me robaría mi tiempo.

Me robaría más a mí
Porque yo tengo mucho más
Y una vez que se detiene,
O uno se inclina, se pierde.

Quiero invitar al tiempo
A que no descuente todo,
No es justo que un acto de cobardía
Afecte al extremo más bravo
Que el odio juegue al amor.

La venganza que no lo es todo
Es un acto suicida,
La llevo como bufanda.
Y me aprieta el cuello
En conspiración del sol
Y la ciudad que le teme a la soledad de la noche.

Aquí todo el tiempo es tiempo de rosas
Por lo que secuestro el respirar.
En cada esquina se consiguen
Rosas que llegan de todos los confines
Por manos que no siembran para que florezca.
Sin tener quien hable en su entrega,
Con tanta briza y sin escuela,
No se siente mi voz,
El tiempo para rosas apnea al que lo intenta
Y yo que no encuentro el cuerpo de la mano
Impidiendo al oxígeno por mi cuello espinado.
La ciudad no puede juzgarme
Y nadie culpa a la ciudad de tanta asfixia
Las rosas nadie las extraña, no sienten ni su luto.
Yo las siembro en vasijas de cráneos en mi bolsa
En lo que asfaltan los canteros.
Todo empezó un día
Que dejaron caer un viejo cuento de papel
Que un niño se guardó y lo acusaron por ladrón
Por rescribir la historia en la acera.
No tiempo para rosas
El niño escribió sobre todo el cemento
Y me juzgaron a mí por mezclar idiomas
Cuando hoy se escoge hasta el color de las rosas.
Sin embargo, no juzgaron a Allende
Cuando no supo decir *horrible* en su idioma natal.
En verdad, no ha habido más degollado
Desde que me robé cada botón de rosa,
Solo que el que pretendía regarla esa noche
Tuvo que hablar en ausencia de las rosas,
Me contaron que el silencio fue eterno.
No son paredes eternas,
Ni piedras en el camino las rosas,
Pero el tiempo para rosas

Es para él, que inca la eternidad
Buscando el beso desesperado y eterno,
Sabiendo que, aunque las flores se marchitan,
Los labios seducidos se siguen humedeciendo.
He aquí la razón por la que hoy vendo rosas
De las raíces que me robé de los canteros.
Soy el nuevo alcalde de la ciudad sin voto popular,
Cómo te cae
Como virus que toma cuerpo ajeno,
Mi cara transita en todos los buses que no llegan
Después que descabecé un día
A él, que no regaló una rosa con una nota.
Era yo el que degollaba, el jardinero de la ciudad.
Hoy vendo también las notas,
Para no suicidar mi idea de la rosa.
Desde esta celda se hará literatura,
Sin poder recordar, ni material para soñar
Me robaron mi tiempo entre librerías,
Y hoy le entrego humanidad a tu par de librerías
Aunque tú me has sentenciado,
Ciudad: Mi ausencia nunca te abandonará
Y me verás como tú no te puedes ver.
Recuerda que fui yo quien te creó pendientes
En tu forma llana de pensar
Solo por la alegría de saltar,
¿Cuántos han rodado cuesta abajo
Sobre tu línea del horizonte tratando de escapar?

la venganza será terrible

Anónimo